LE MYSTÈRE DU TOMBEAU VIDE

blféditions

Édition originale publiée en langue anglaise sous le titre :
The Mystery of the Empty Tomb

Publié par 10Publishing, un département de 10ofthose.com
Unit C, Tomlinson Road · Leyland, PR25 2DY · Grande-Bretagne

Édition en langue française :
Le mystère du tombeau vide · Cassie Martin et Jenny Brake

Rue de Maubeuge · 59164 Marpent · France

Traduction : Sarah Eisele et l'équipe BLF
Illustrations : Jenny Brake
Mise en page : Laurianne Hirschler

Imprimé en République Tchèque par Finidr

ISBN 978-2-36249-656-1 relié
ISBN 978-2-36249-657-8 numérique

Dépôt légal 1e trimestre 2022

LE MYSTÈRE DU TOMBEAU VIDE

ÉCRIT PAR CASSIE MARTIN * ILLUSTRÉ PAR JENNY BRAKE

Il y a bien longtemps de cela, quelque chose de très bizarre s'est passé...

Laisse-moi t'expliquer...

Dans une ville appelée Jérusalem, un homme très méchant appelé Barabbas était en prison. Il attendait sa condamnation : il allait être mis à mort.

Tout à coup, on lui a annoncé : « Tu es libre ! »
Un homme qui n'avait rien fait de mal allait mourir sur une croix à la place de Barabbas.

Pourquoi ? Mystère...

C'était Jésus qui allait prendre la place de Barabbas.

Jésus n'avait jamais rien fait de mal. Au contraire, il guérissait les gens malades et parlait de Dieu à tout le monde. Jésus disait qu'il était le Roi que Dieu avait promis, le Fils de Dieu.

Mais les chefs du peuple n'aimaient pas ça.

Ils ne voulaient pas qu'il soit leur roi.
Ils voulaient le tuer.

Quand Pilate, le gouverneur romain, a rencontré Jésus, il a compris que Jésus était innocent. Il a dit aux chefs du peuple qu'il allait leur libérer un prisonnier :

– Voulez-vous que je libère Jésus ?

– Non ! ont-ils répondu. Libère plutôt Barabbas !

Pilate a trouvé ça bizarre :

– Et Jésus alors ?

– Tue-le sur une croix ! ont-ils crié.

Jésus n'était pas coupable, mais Pilate a quand même ordonné qu'il soit mis à mort.

Pourquoi ? Mystère...

Peut-être sais-tu déjà que c'est Dieu qui t'a créé ainsi que tous les gens qui vivent sur la terre. Il nous aime tous, et en retour, il nous demande de l'aimer et de lui obéir.

Mais en réalité, nous ne l'écoutons pas, nous ne l'aimons pas vraiment, et nous l'attristons beaucoup.

À cause de cela, nous ne pourrons jamais vivre avec Dieu, nous sommes tous condamnés à mourir. C'est horrible ça ! Et peut-être que ça te rend triste… mais Dieu avait prévu un plan de sauvetage extraordinaire !

Dieu a envoyé Jésus pour être notre Sauveur et mourir à notre place. Jésus a pris notre condamnation, celle que nous méritions.

Un vendredi après-midi, Jésus est mort sur une croix. Ce jour-là, le ciel est devenu très noir et ses amis étaient très tristes. À la fin de la journée, ils ont mis le corps de Jésus dans un tombeau, à l'écart de la ville.

Jésus est mort à cause de toutes les mauvaises choses que nous avons faites, que nous avons dites ou que nous avons pensées. Grâce à sa mort, on peut maintenant être pardonné.
Comme le méchant Barabbas, nous pouvons être libres : Jésus le libérateur nous offre de mourir à notre place !

Voilà le mystère de la croix :
un surprenant échange de places !

Mais cette histoire extraordinaire ne s'arrête pas là ! Jésus avait promis à ses amis qu'il ne resterait pas mort. Il avait dit qu'il reviendrait à la vie après trois jours. Allait-il vraiment le faire ? Il fallait attendre pour savoir...

Tu peux retrouver cette histoire vraie dans la Bible.
(Matthieu 27 : 11-54)

Le dimanche matin de très bonne heure, un petit groupe de femmes se faufilait dans un jardin. Elles étaient venues voir le tombeau de Jésus.

Selon la coutume de l'époque, elles avaient préparé des plantes parfumées pour les déposer sur le corps de Jésus.

Mais elles étaient pleines d'inquiétudes...

« Comment allons-nous entrer dans le tombeau ? », se sont-elles demandé.

« L'entrée est fermée par une énorme pierre très lourde. »

« Comment va-t-on la bouger ? »

Les femmes avaient aussi très peur des soldats qui gardaient le tombeau. Peut-être que les soldats ne les laisseraient pas s'approcher du corps de Jésus.

Avant de mourir, Jésus avait dit que Dieu le ramènerait à la vie. C'est pour ça que les soldats romains gardaient le tombeau.

Ils voulaient s'assurer que personne ne volerait le corps de Jésus pour faire croire aux gens qu'il était vivant.

Alors que les femmes arrivaient au tombeau, quelque chose de mystérieux s'est produit...

La terre a brusquement tremblé et un ange a roulé l'énorme pierre. Les soldats ont eu si peur qu'ils sont tous tombés par terre ! Les femmes, elles aussi, ont eu très peur !

Tu vois, les anges sont des messagers de Dieu.
Ils sont éblouissants et très impressionnants.
Peut-être que c'est parce qu'ils passent beaucoup de temps près de Dieu, qui est si parfait et si puissant.

L'ange a parlé aux femmes et leur a dit : « N'ayez pas peur ! Jésus n'est pas ici, il est vivant, comme il l'avait dit. Regardez : le tombeau est vide ! Allez le dire à ses amis ! »

Les femmes ont couru chercher les amis de Jésus. Pierre et Jean sont venus en courant pour voir ce qui s'était passé. Comme Jean était plus rapide que Pierre, il est arrivé le premier.

Jean s'est arrêté juste à l'entrée du tombeau et a jeté un coup d'œil à l'intérieur. Pierre est arrivé à son tour, et il est entré dans le tombeau.

Le tombeau était vide !

Ils ont tous les deux vu le tissu dans lequel le corps avait été enroulé, mais il n'y avait plus de corps ! Ils sont repartis en se demandant ce qui avait bien pu se passer.

Le corps de Jésus avait disparu. Personne n'avait pu le voler, puisque les soldats montaient la garde. Où était-il ?

L'ange avait-il raison ? Jésus était-il vraiment revenu à la vie ? Il avait dit qu'il le ferait. Mais les morts ne reviennent pas à la vie, si ?

Tout cela était vraiment mystérieux...

Marie pleurait devant le tombeau. Elle aimait Jésus et ne savait pas où était passé son corps. Elle a de nouveau regardé dans le tombeau.

Cette fois, elle a vu deux anges. Ils lui ont demandé pourquoi elle pleurait.

– Je ne sais pas où ils ont mis le corps de mon Seigneur, leur a-t-elle dit.

Puis, elle s'est retournée. Un homme se tenait derrière elle. Il lui a demandé :

– Pourquoi pleures-tu ? Qui cherches-tu ?

– Je cherche Jésus. C'est toi qui a déplacé son corps ?

Alors, l'homme lui dit :

– Marie !

C'était Jésus qui lui parlait !

Marie était très surprise et si heureuse ! Elle voulait ne plus jamais le quitter. Finalement, le corps n'avait pas été volé. Le corps n'avait pas disparu. Non, le mystère était résolu.

Jésus était vivant !

Jésus a alors confié une mission spéciale à Marie. Il lui a demandé de raconter à tous ses amis qu'il était bien vivant. Marie était tellement heureuse d'avoir une aussi bonne nouvelle à annoncer ! Jésus est si puissant qu'il est même plus fort que la mort !

Tout ce que Jésus avait annoncé s'est bel et bien passé. Jésus est vivant aujourd'hui et à Pâques, nous célébrons sa mort et son retour à la vie. Tout comme Marie, Pierre et Jean, nous pouvons nous aussi être ses amis.

Tu peux retrouver cette histoire vraie dans la Bible.
(Matthieu 28 : 1-10)

Pour Grace, Reuben, James,
Eloise et Catherine.

УДК 821.113.5
ББК 63.3(4Нор)
Ю49

ПОЛЕШ ОТКРЫВАЕТ МУЗЕЙ

Нарисовала и написала Осхиль Канстад Юнсен

This translation has been published with the financial support of NORLA
Перевод осуществлен при поддержке фонда «НОРЛА»
NORLA
Norwegian Literature Abroad

Перевод с норвежского: Ольга Дробот
Редакторы: А. Литвина, Е. Тамарченко
Корректоры: Н. Болотина, П. Лебедева
Вёрстка: Г. Лупенко

Юнсен, О.К.
Ю49 Полеш открывает музей. – М.: Пешком в историю, 2014. – 32 с.: ил. – (Идём в музей).

Как навести порядок в своей коллекции и стоит ли открывать собственный музей? Полеш и его подруга Йолка решили попробовать – и что же из этого вышло?

Смешных лесных человечков, которых придумала и нарисовала норвежская писательница и художник Осхиль Канстад Юнсен, полюбили во всём мире. Если ваши дети всё время что-то находят и подбирают, а вы не знаете, куда всё это деть, – эта книга для вас.

Наша новая серия «Идём в музей» расскажет вам о том, какие бывают музеи и что в них можно найти, а ещё – как самому собрать коллекцию или создать шедевр. Книги со всего мира – про самые интересные музеи!

Издательство «Пешком в историю» – это детские книги, настольные игры, подарочные наборы, карнавальные костюмы и праздники, посвященные различным историческим эпохам.

В соответствии с Федеральным законом № 436 от 29 декабря 2010 года издание маркируется знаком 0+.

ISBN: 78-5-905474-34-7

Изготовитель ИП Каширская Е. В.

Россия, 127051, г. Москва,
переулок Б. Сухаревский, 6-39
Тел.: +7 495 787 05 30
www.peshkombooks.ru
info@peshkombooks.ru
По вопросам оптовых закупок
order@peshkombooks.ru
Подписано в печать 05.04.2014

Отпечатано в ООО «Пресес Намс Балтия»
Россия, 182100, г. Великие Луки,
ул. Набережная Лейтенанта Шмидта, д. 1, к. 1.

ЕАС

ПОЛЕШ ОТКРЫВАЕТ МУЗЕЙ

ИДЁМ В МУЗЕЙ
пешком в историю

Это Полеш.

Полеш живёт в маленьком деревянном доме в лесу.

У него много друзей, но лучший его друг – Йолка.

Ещё Полеш очень любит
свою бабушку.

Она живёт в городе,
в большом каменном доме.

Сегодня вторник, по вторникам Полеш гуляет в лесу.

Тут на каждом шагу интересные, красивые
и занятные редкости.

Полеш только и делает, что собирает, собирает

и собирает.

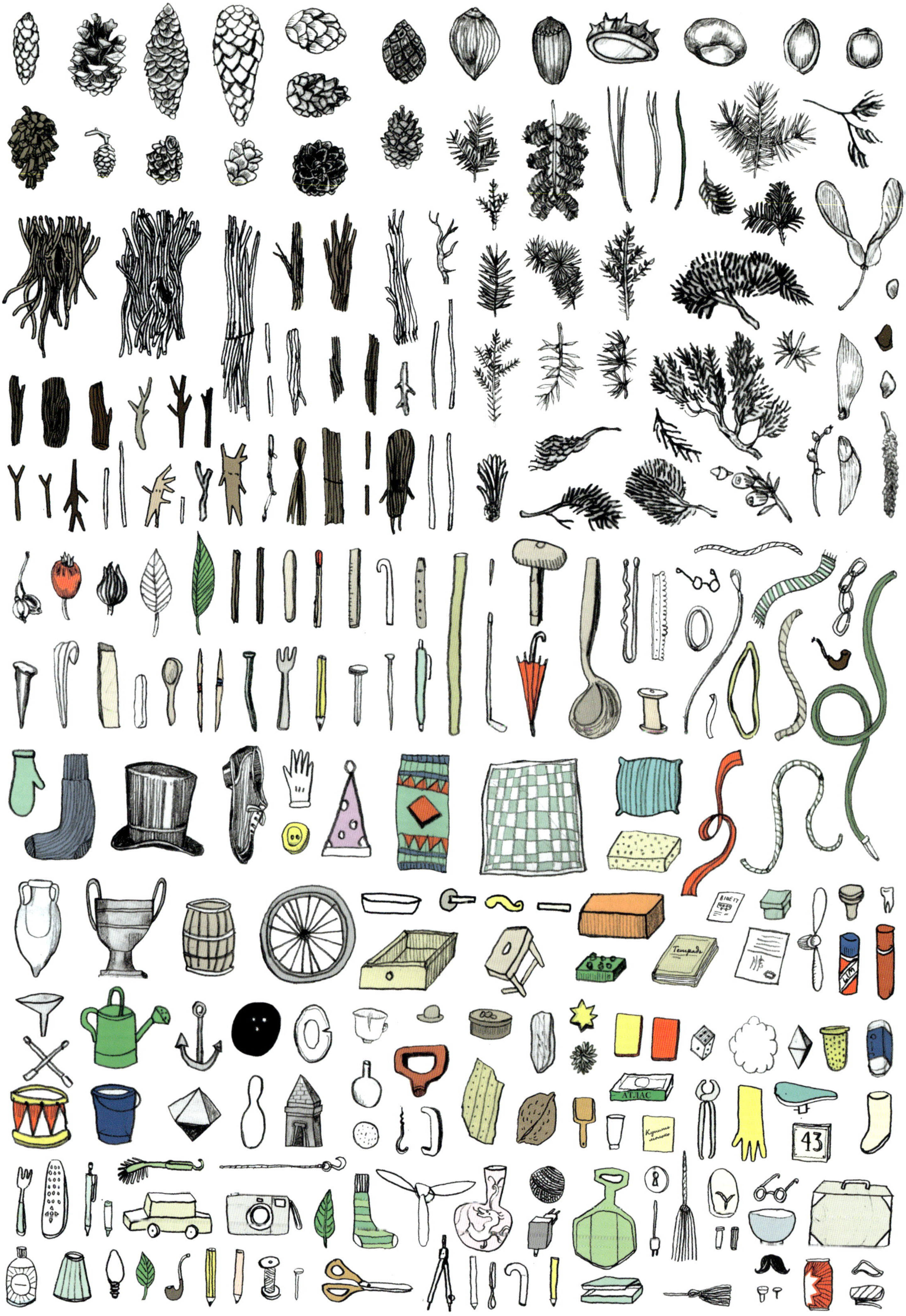
Тетрадь
АТЛАС
Купить молоко
43

Дома Полеш раскладывает свои сокровища на полу в гостиной.

Полеш достаёт умные книги
с рассказами обо всём на свете.

В книгах много
картинок.
Они помогают
Полешу узнать,
как правильно
называются
его находки.

Он раскладывает
предметы
по кучкам:

Коллекция 1:
листья

Коллекция 2:
щепки,
палки,
ветки

Коллекция 3:
красивое
и гнётся

Вот вещи
разобраны,
и к каждой
привязана
бирочка
с названием.

Находки не могут просто лежать на полу, они мешают ходить.

Полеш хранит всё в коробках. Их на полках уже больше тысячи.

Но к этому вторнику все коробки переполнились.

Полеш скопил слишком много вещей.

Что же делать?

Когда Полешу нужен совет, он ВСЕГДА звонит бабушке. Ведь она такая мудрая!

Дзынь! Дзынь! **– звонит Полеш.**

– Бабушка! Что мне делать? Мои находки никуда не помещаются!

– Хм, – задумчиво говорит бабушка. – А помнишь, ты гостил в городе и мы ходили в Музей камней? Тебе там очень понравилось. Помнишь?

– Да! – вспоминает Полеш. – Там все камни отмыты, отчищены, разобраны и разложены. Красота!

– Может, тебе тоже открыть музей? – спрашивает бабушка.

– Как здорово! Я смогу всем показать свои находки. Огромное тебе спасибо, бабушка!

Утром Полеш
принимается за дело.

Он берёт
у соседей
столы, стулья
и коврики.

Потом расставляет
столы и стулья
в гостиной и коридоре,
стелет коврики.

На столах, стульях и ковриках
он раскладывает свою
коллекцию, бережно
и красиво.

Ценные вещи
закрывает
стеклянными
колпаками.

Пустые
коробки
и мебель
из гостиной
и коридора
Полеш
уносит
в кухню
и спальню.

Для музея
надо очень
много места!

Чтобы пришло много посетителей, сперва надо рассказать о музее всем, сказала бабушка.

Поэтому Полеш рисует 683 афиши.

Одни маленькие.

Другие **ОГРОМНЫЕ**.

Полеш развешивает афиши в лесу, в городе – везде.

**И вот наступила суббота.
Важный день.
Сегодня Полеш
открывает свой музей.**

**Это первый музей в лесу.
Выстроилась длинная очередь.
ДЛИННЮЩАЯ!**

У Полеша прямо шипучка в голове
и щекотка в пузе.
Он страшно собой горд!

– Дамы и господа,
добро пожаловать,
рад вас видеть! –
кричит он во весь голос.

– Музей Полеша
объявляется
открытым!

Полеш с радостью водит гостей по музею.

Показывает им свои находки.

У каждой есть история.

Одни найдены в необычных местах.

У других красивые названия.

Некоторые, например мыло, такие скользкие, что выскакивают из рук.

Полеш показывает и рассказывает. Корчит рожи, прыгает, приплясывает, падает, бегает и ходит на цыпочках.

Он изо всех сил старается порадовать публику.

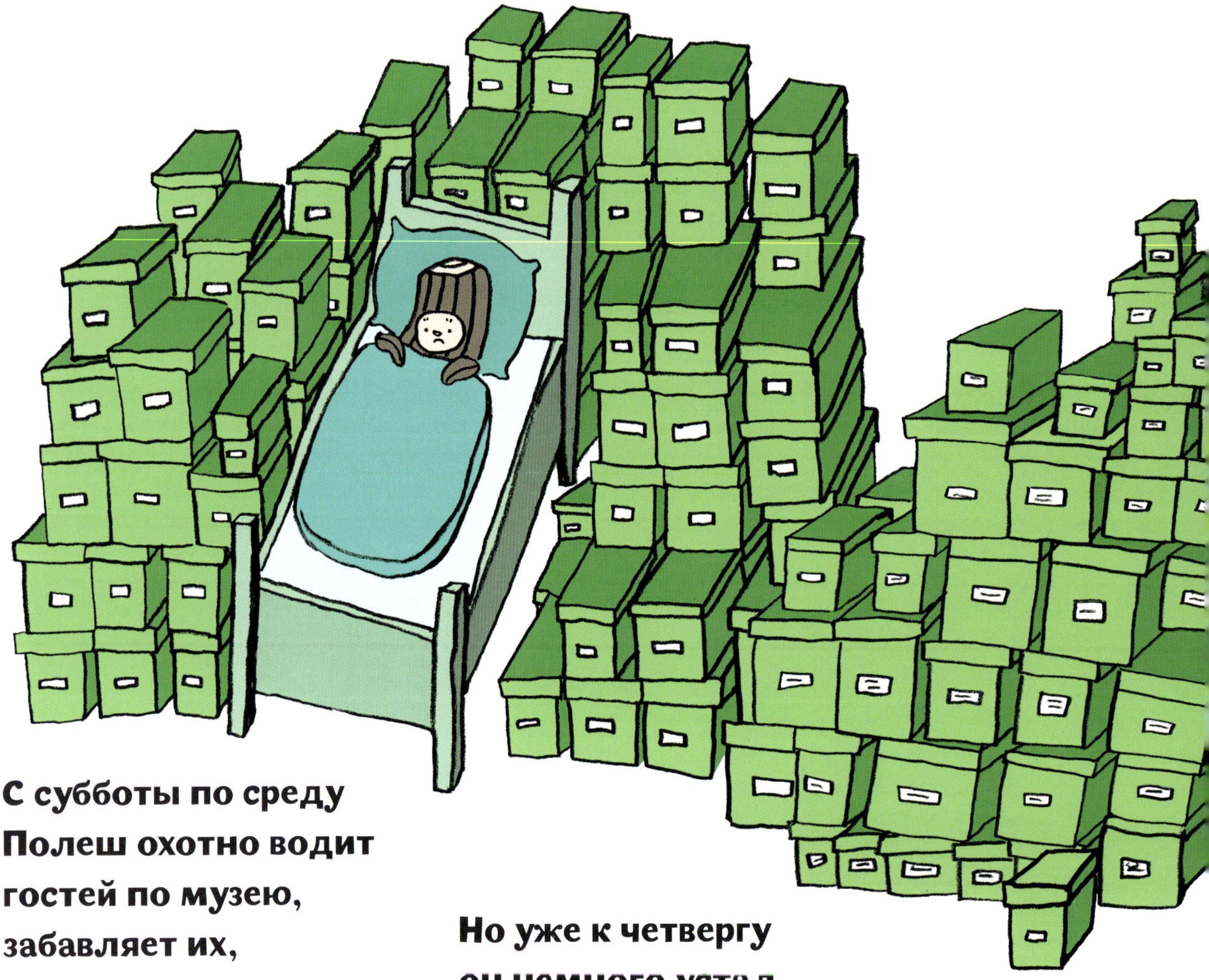

С субботы по среду
Полеш охотно водит
гостей по музею,
забавляет их,
показывает,
рассказывает.
Его радует,
что ему хлопают
и восхищаются
историями
его находок.

Но уже к четвергу
он немного устал
спать среди
коробок,
и спотыкаться
о них,

и стоять
в очереди
в собственный
туалет.

Обидно не гулять по вторникам в лесу и не смотреть «Детский час» в субботу, лакомясь соком и плюшками.

«Музей – это, конечно, отлично, но очень утомительно», – думает Полеш.

И в субботу вечером, через неделю после открытия, Полеш закрывает музей. Всё.

Но едва Полеш закрыл музей, встала старая проблема: куда ТЕПЕРЬ девать все вещи? Места для них нет.

Полеш звонит бабушке.

– Что мне ТЕПЕРЬ делать? – вздыхает он в трубку.

Бабушка, как обычно, мудра и спокойна.

– Помнишь, как мы ходили в Музей камней? Что мы там делали?

– Мы сфотографировали все камни в музее, – отвечает Полеш.

– А потом что мы сделали?

– Наклеили снимки в альбом.

– Точно! Может, тебе сделать так же?

– Собрать снимки всех находок в альбом? Ловко! Мне не надо будет хранить все вещи, вместо них будут фотографии.

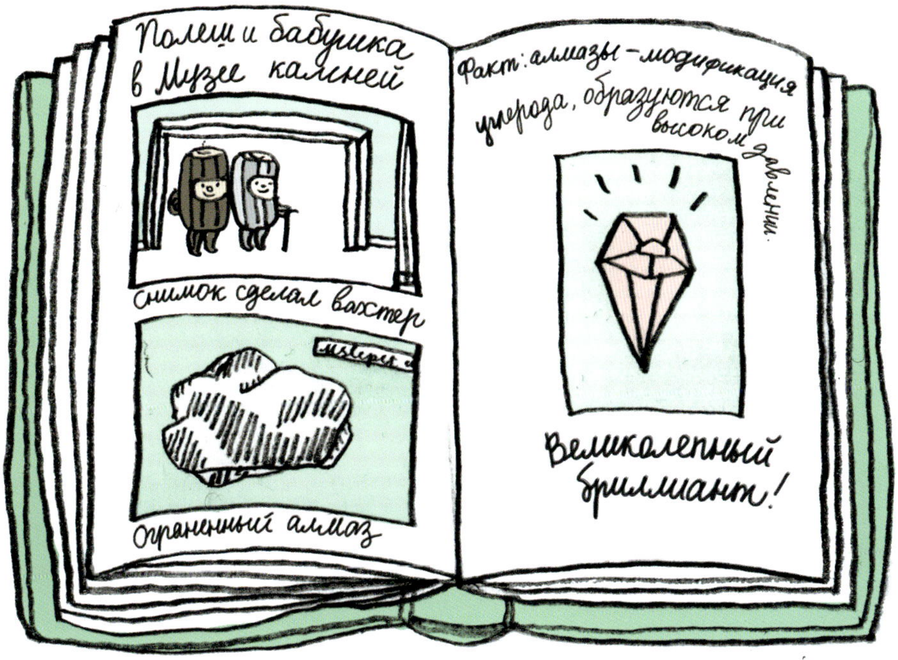

Целое воскресенье
Полеш фотографирует
ВСЁ, что есть в его Музее.

А в понедельник первым
автобусом мчится в город
к бабушке.

Они идут в фотоателье
и там печатают снимки.

Бабушка покупает
Полешу альбом, клей
и красивую ручку.

Потом они сидят в кафе на солнышке и едят мороженое.

Вернувшись домой, Полеш достаёт альбом и фотографии и начинает резать, клеить и писать.

– Это называется опись музейной коллекции, – сказала бабушка.

«Умно», – думает Полеш. Теперь все, кто не попал в Музей, смогут увидеть коллекцию на снимках.

Во вторник Полеш
снова идёт гулять.

Всё, что он раньше
насобирал в лесу,
они с Йолкой
несут назад.

Хорошие, годные вещи они относят антиквару и на барахолку.

Бумагу, стекло и металл отвозят на тачке в пункт приёма отходов.

Столы, стулья и коврики они возвращают соседям.

А потом Полеш собирает остатки: ржавое колесо, треснутые вазы и тарелки, засохшие фломастеры – и клеит из них странные фигуры.

Уже вечер вторника, и Полеш очень устал. Но перед сном он хочет ещё раз взглянуть на одну из своих новых поделок.

– Это же почти ИСКУССТВО, – думает он. – Может, мне открыть художественный музей?

И засыпает. Хрррр-пфшшщ.

www.pnbprint.eu

Kubbe Lager Museum

www.pnbprint.eu